오다 보니 여기

# 오다 보니 여기

## 김병걸 가사집

## 책을 내면서

　가사(歌詞)는 상대를 정해 놓고 내가 붙이고 부치는 말이다. 상대란 세상, 세월, 친구, 이성, 고향, 가족, 산과 강 등 내가 관계하는 것들이며 상대 속에는 나 자신도 포함된다.

　노랫말을 자세히 따져보면 모두가 내 자신에게 묻거나 답하는 내용이다.

　〈나그네 설움〉이나 〈낭만에 대하여〉, 〈안동역에서〉도 내가 주인공이다. 그 주인공을 사연이라고 치자. 사연이란 상대에게 하소연과 애원을 포함한 부탁이거나 협박 또는 타협 그리고 푸념이다.

　삶이 그렇듯 가사 역시도 경우의 수를 설정한 뒤 내가 또는 역지사지 입장을 바꾸어 그리면 된다.

　가사는 시종일관 질문만 하여도 그 질문 속에 듣고 싶은 대답이 들어 있다. 그렇게 써야 좋은 가사이다.

　나의 가사는 어떤 질문과 답을 정의(定義)하고 있는가?

5

# 차례

책을 내면서

## 제1부 추억 팔기

## 제2부 마음을 훔치다

## 제3부 시보다 아름다운 노래

## 제4부 고향을 가슴에 두다

## 제5부 세상으로 나가다

# 제1부 추억 팔기

소환하는 옛날은 그립다. 다시는 못 가기 때문에.

# 분교

기역 니은 잠이든 교정에 맨드라미 저 혼자 피다가
아이들이 그리운 날은 꽃잎을 접는다
계절이 오는 운동장마다 깃발처럼 나부끼던 동무여
다들 어디서 무얼 하고 있는지 옛날 다시 그리워지면
텅빈 교실 내가 앉던 의자에 나 얼굴 묻는다

늑목 밑엔 버려진 농구공 측백나무 울타리 너머로
선생님의 손풍금 소리 지금도 들리네
지붕도 없는 추녀 끝에는 녹슨 종이 눈을 감고 있는데
다들 어디서 그 소리를 듣느뇨 추억 찾아 옛날로 가면
몽당연필 같은 지난 세월이 나를 오라 부르네

※이 노래는 뒷가사다. 작곡가에게 악보를 받고 몇 달을 끙끙대다가 추석날 시골
초등학교운동장 그네에 앉아 가사를 깁었다. 나훈아는 이 가사를 하와이에서 전
화로 듣고는 예정일보다 한 달을 앞당겨 귀국하여 취입을 하였고 간주에 나오는
코러스를 넣기 위해 역삼동 한국음반 녹음실에는 봄 병아리 같은 초등생 예닐곱
이 모였고 가수는 내게 엄지를 세우며 좋아했다.

　　　　　　　　　　　　　—분교(김병걸 작사/ 임종수 작곡/ 나훈아 노래)

# 초등학교 운동장에 서면

사는 게 시들해지고 일이 손에 안 잡힐 때면
초등학교 운동장엘 찾아가 보네
저기 저 운동장에서 내가 내가 달렸는데
세월이 뺏어간 나의 운동장
이제는 등수 다툴 경주도 없는데
그날인 듯 가슴이 왜 뛰는 걸까
초등학교 운동장에 서면

선생님 부르는 소리 유리창에 머물다 가면
살그머니 교실 문을 열어도 보네
저기 저 복도 끝에서 내가 내가 놀았는데
세월이 뺏어간 나의 책걸상
이제는 야단맞을 숙제도 없는데
그날인 듯 가슴이 왜 뛰는 걸까
초등학교 교실에 서면

※지치고 외로울 땐 기댈 곳을 찾는다. 꿈을 부풀리고 다지던 그 시절로 돌아가 보는 것도 한 방법이다. 호루라기를 입에 문 6학년 담임 김복만 선생님이 저만치 서 계신다.

　　　　　—초등학교 운동장에 서면(김병걸 작사/ 이충재 작곡/ 김병걸 노래)

# 동동구루무

동동구루무 한 통만 사면 온 동네가 곱던 어머니
지금은 잊혀진 추억의 이름 어머님의 동동구루무
바람이 문풍지에 울고 가는 밤이면
내 언 손을 호호 불면서 눈시울 적시며
서러웠던 어머니 아 동동구루무

동동구루무 아끼시다가 다 못 쓰고 가신 어머니
가난한 세월이 너무 서럽던 추억의 동동구루무
달빛이 처마 끝에 울고 가는 밤이면
내 두 뺨을 호호 불면서 눈시울 적시며
울먹이던 어머니 아 동동구루무

※동동구루무 장수가 하모니카를 불면서 카우보이 신발에 북을 둘러매고 선글라스를 머리에 얹고 마을 공터에 서 있는 모습이 오버랩된다. 여러 가수들이 리메이크하는 것은 나와 같은 추억 때문일까?

—동동구루무(김병걸 작사/ 김병걸 작곡/ 방어진 노래)

# 검정고무신

어머님 따라 고무신 사러 가면 멍멍개가 해를 쫓던 날
길가에 민들레 머리 풀어 흔들면 내 마음도 따라 날았다
잃어버릴라 닳아질세라 애가 타던 우리 어머니
꿈에서 깨어보니 아무도 없구나 세월만 횅횅
검정고무신 우리 어머니

보리쌀 한 말 이고 장에 가면 사오려나 검정고무신
밤이면 밤마다 머리맡에 두고 고이 포개서 잠이 들었네
잃어버릴라 닳아질세라 애가 타던 우리 머머니
꿈에서 깨어보니 아무도 없구나 가슴만 횅횅
검정고무신 우리 어머니

※어느 정도 신어 닳아빠진 고무신을 시멘트 바닥에 문질러 낡게 한 어린 마음은
새 신발을 사 달라는 못 된 투정이었다. 고향마을 앞 낙동강을 건너면 4일과 9일에
서는 구담장이 있고 고무신은 인기품목 중 하나였다. 어른들의 신발은 상호가 하
얀색 범표였고 아이들이 신는 검정고무신은 말표였던 것으로 기억된다. 개천에서
물고기를 잡아 이 고무신에 넣고 오던 그 때가 사뭇 그립다.

—검정고무신(김병걸 작사/ 이충재 작곡/ 한동엽 노래)

# 아부지의 지게

영어 A를 닮은 지게 평생 지고 사셨네

볏짚만 졌을까 쟁기만 졌을까

줄줄이 자식농사 가난을 짊어지고

턱숨이 멎는 고개 몇 개나 넘었을까

재 너머 강 건너 장날이면 지게 지고

집에 올 땐 고기 두 근 노을 한 자락

영어A를 닮은 지게에 고이고이 얹어놓고

한 많은 세상을 저벅저벅 걸었네

돌부리 많은 인생길에 차이고 넘어져도

팔자려니 허허 웃고 막걸리 한잔 술에

세상 시름 타 마셨네 우리 아부지

아부지 소원대로 서울에서 꿈을 지고

나 여기 서 있네

※생전에 아부지께선 내게 "지게 지면 농사꾼 된다. 모름지기 사내는 꿈을 지거라". 아부지 바람대로 나는 서울에서 꿈을 지고 서 있다. 장에 갔다 오는 날이면 아부지는 언제나 돼지고기 두 근을 끊어 오셨다. 눈에 안 보이는 노을 한 자락도 허리춤에 차고.

—아부지의 지게(김병걸 작사, 작곡, 노래)

17

# 추억의 도시락

장작불 난로 위에 얹어놓았던 네모 난 양은 도시락
어머니가 콩고물밥 싸주시는 날이면
높이 들어 흔들어 먹던 추억의 도시락
운동장도 뺏어가고 책걸상도 뺏어간
화살 같은 세월이 너무 미워라
다시는 못 가네 그때 그 시절
가난했었지만 행복했었다 추억의 양은 도시락

오늘은 무슨 반찬 반겨주려나 네모 난 양은 도시락
3교시도 못돼서 몰래 먹다 들키면
선생님의 호통소리 추억의 도시락
운동장도 뺏어가고 책걸상도 뺏어간
화살 같은 세월이 너무 미워라
다시는 못 가네 그때 그 시절
가난했었지만 꿈이 많았다 추억의 양은 도시락

※겨울날 난로 위에 얹던 도시락이 그립다. 도시락에는 집안 형편이 들어 있다. 부잣집 아이들 도시락엔 계란이 얹히고 가끔은 쓰루메라고 부르던 말린 오징어무침 반찬도 있었다.

—추억의 도시락(김병걸 작사/ 노상곤 작곡/ 조우리 노래)

# 추억의 책가방

교과서만 있었나 만화책도 있었고
연애편지도 모시던 책가방
떡볶이에 나팔바지 어쩌다 땡땡이 쳐도
너만은 끼고 다녔다
푸른 꿈이 피어나던 교정 저 끝에
그 시절이 눈에 선하네
아 다시 한번 돌아가고 싶어라
추억의 책가방 들고

※중학교에 들어가서야 가졌던 책가방, 덜그덕거리는 도시락을 넣고 가끔은 '선데
이서울' 같은 잡지나 급우들끼리 돌려보던 이근철의 만화책을 넣기도 했다.

―추억의 책가방(김병걸 작사/ 노영준 작곡/ 서동명 노래)

# 옥분이

감나무꽃이 하얗게 피고 지던 내 고향
돌담에 나란히 앉아 정다웠던 옥분이
그때는 철이 없어 서로 헤어졌지만
지금도 잊을 수 없는 네 모습이 그리워

바람에 별이 하나 둘 떨어지던 그날 밤
돌아올 기약도 없이 울며 떠난 옥분이
지금은 추억 속에 서로 헤어졌지만
잊으려 눈을 감아도 생각나는 옥분이

※감꽃이 필 때면 그녀가 생각난다. 헤어질 줄은 몰랐는데. 인연이 거기까지였나
보다. 감꽃이 피면 그녀도 나처럼 그날을 돌아볼까?

—옥분이(김병걸 작사/ 김욱 작곡/ 김병걸 노래)

# 흑백텔레비전

할머니 방에서 전파사로 쫓겨난
14인치 흑백텔레비전
저 안에 살았던 수많은 사람들
다 어디로 어디로 갔나
달나라도 가고 별나라도 가지만
그 시절로 갈 수는 없네
채널을 돌리면 돌아가는 연속극
14인치 흑백텔레비전

※분이의 일대기를 그린 〈여로〉의 태현실과 장욱제가 저 안에 살았다. 남진이 살고 나훈아와 김추자가 노래하던 흑백텔레비전. 당시는 14인치도 행복했다.

—흑백텔레비전(김병걸 작사/ 김병걸 작곡)

# 두만강

덧없는 게 인생이냐 무심한 게 세월이냐
뗏목 위에 꿈이 흐르던 그 시절은 두만강인데
바람 부는 대문산 기슭 안개가 걷힐 때면은
우거진 숲 날짐승들이 물 마시러 내려왔다네

임자 없는 나룻배냐 정처 없는 나그네냐
뗏목 위에 꿈이 흐르던 그 시절은 두만강인데
눈에 덮인 조그만 마을 겨울이 깊어 갈 때면
털모자 쓴 동네 아이들 썰매 타러 내려왔다네

※1900년대 초 메들리의 강세로 나는 이북을 주제로 한 노랫말을 20여 곡 만들
었고 김태풍, 조경희, 허풍수, 진성 등이 불렀다. 가보지는 않았지만 실향민이 하
는 말을 가사로 구성했다.

—두만강(김병걸 작사/ 김다양 작곡/ 허풍수 노래)

# 제2부 마음을 훔치다

노래는 마음을 훔치는 수단이고, 작사가는 그 마음을 훔치는 기술 자다. 곡조에 얹는 가사는 어떤 호소를 요구하는가? 이 질문에 답하기 위해 50년을 걸고 있다. 나는 상대를 내게 끌어오기 위해 악어의 눈물도 서슴지 않는다.

# 짐이 된 사랑

사랑만 고집했던 어리석은 난 당신이 전부였는데
나는 당신의 장난일 뿐 사랑은 사치였나
내 대신에 누가 있을까 나 떠난 그 빈자리
추억마저 남이 된 지금 그리움을 묻고 가지만
다시 한번만 물어봅시다 왜 내가 짐이 됐나요

사랑만 고집했던 지난날의 난 당신이 전부였는데
나는 당신의 장난일 뿐 사랑은 사치였나
이젠 누가 나를 대신해 당신을 고집할까
지난날을 되짚어 보면 눈물뿐인 사랑이지만
다시 한번만 물어봅시다 왜 내가 짐이 됐나요

※당신 같은 바람둥이가 내가 떠난 그 자리에 벌써 누군가를 앉혔겠지. 그리고 어느 넋 나간 년이 나처럼 세월 바치고 순정 바치고 있을까? 너무도 통속한 이 그림이 명곡으로 남은 건 누구나의 경험 탓일까. 이명주를 일약 인기가수로 만든 작품으로 KBS 아름다운 노랫말상을 받았다.

　　　　　　　　　　　—짐이 된 사랑(김병걸 작사/ 김정호 작곡/ 이명주 노래)

# 연모

이도 저도 못하면서 사랑했었다
앞이 캄캄 안 보이지만
당신과 나 약속이나 한 듯 돌아가는 길을 지웠다
시간은 우리 편이 아니라 해도
이제와 왔던 길을 바꿀 수 있나
천번이고 만번이고 내 마음 물어보지만
당신을 떠나서는 나도 없다고
뜨거운 가슴이 말하네

이도 저도 못하면서 사랑했었다
앞이 캄캄 안 보이지만
당신과 나 약속이나 한 듯 돌아가는 길을 지웠다
시간은 우리 편이 아니라 해도
이제와 가는 길을 멈출 수 있나
천번이고 만번이고 내 마음 물어보지만
당신을 떠나서는 나도 없다고
뜨거운 눈물이 말하네 뜨거운 가슴이 말하네

※박우철에게서 전화가 왔다. "야. 뭐 하나 없냐?" "형 올해 나이가 몇이유?" "65." "안 돼요. 언감생심입니다." 그러나 고목나무에도 꽃은 탐스럽게도 피었다. 세계에서 유래가 없는 기적이 일어난 것이다. 노래는 날개를 달았고 가수는 보란 듯이 컴백에 안착했다.

—연모(김병걸 작사/ 이동훈 작곡/ 박우철 노래)

# 반문

아직 날 기억합니까 물어 볼 자격 없지만

그래도 나는 당신의 지금이 알고 싶어요

겉으론 잊은 지 오래라고 맘에도 없는 말을 하지만

사실은 나 그 어느 한 순간도

당신 생각을 버리지 못 했어요

다시 돌아갈 순 없는 건가요

다시 시작할 순 없는 건가요

어리석은 이 미련 때문에

오늘도 나는 바보가 됩니다

※미련(未練)은 미련한 짓이라고 나를 다그치지만 어쩌랴. 미련을 가져보는 바보 짓을 마다않는 이 사랑을. 〈그날〉이 히트하는지도 모르고 도미(渡美)한 지 10여 년 만에 귀국한 가수가 컴백한 음반의 타이틀곡이다.

—반문(김병걸 작사/ 김정호 작곡/ 김연숙 노래)

# 벤치

내 무릎에 털썩 앉아 봐
언제나 너의 벤치로 살 거야
아무 때라도 허전하면 내 가슴에다 기대 봐
가다가 길 가다가 피곤해지면 내게 와
너만이 나의 주인이잖아 너만 쉬어가도록
너 올 때까지 기다릴게
비를 맞고 와도 돼 술 취해서 와도 돼
나는야 너의 벤치야

아침 일찍 와도 돼 저녁 늦게 와도 돼
나는야 너의 벤치야

※누군가의 벤치가 되고 싶다. 같은 공간과 같은 시간을 사는 것에 감사하면서….
조금은 난해한 멜로디를 받고 도도한 노래를 부르고 싶다는 가수의 주문대로 가
사를 입혔다. 오디션 프로에서 단골 출전곡으로 널리 애창된다.

―벤치(김병걸 작사/ 임종수 작곡/ 서주경 노래)

# 대답해봐

대답해봐 날 울릴 만큼 너 나를 사랑했는지
아니라고 말하지마 차라리 그냥 잊어줘
알아 이제는 알아 오늘이 마지막인 걸
휴대폰 메시지에 내 이름이 뜨거든
받지 말고 그냥 끊어줘
내가 지쳐 잊을 수 있게

잊어줄게 속속들이 함께한 모든 것들을
미련 없이 버릴 거야 그리고 다시 살 거야
알아 이제는 알아 어떻게 해야 하는지
휴대폰 메모리에 니 이름을 지우고
두 번 다시 찾지 않을게
그리움이 나를 울려도

※원래는 조항조가 부른 〈서글픈 인연〉인데 내가 리메이크하면서 제목을 바꾸었다. 전주가 너무 길어 발표 당시 조항조는 홍보를 포기했지만 이 노래의 마니아들이 생기면서 편곡을 달리하여 가이드송으로 내가 불렀다. 1절 가사 결구에 '그건 내가 실수한 거야'였는데 취입하면서 가수가 '내가 지쳐 잊을 수 있게'로 하자고 제의해 흔쾌히 수락했다. 당시 서교동에 녹음실을 하던 제작자 코미디언 장고웅 사장은 뒷가사가 완성되자 나를 무등이라도 태워주고 싶다며 만족했다.

—대답해봐(김병걸 작사/ 홍성욱 작곡/ 김병걸 노래)

# 상사화

모란이 피면 모란으로 동백이 피면 넌 다시 동백으로
나에게 찾아와 꿈을 주고 너는 또 어디로 가버리나
인연이란 끈을 놓고 보내긴 싫었다
향기마저 떠나보내고 바람에 날리는 저 꽃잎 속에
내 사랑도 진다
아 모란이 아 동백이 계절을 바꾸어 다시 피면
아 세월이 휭 또 가도 내 안의 그대는 영원하리

※남진의 노래인데 TV조선과 MBN 가요프로에서 장민호, 손태진, 안성훈, 린 등
많은 가수들이 경연곡으로 승부하여 우승을 손에 쥐자 일약 역주행한 최고의 히
트곡이 되었다. 노래방 반주기에도 위의 가수들 버전이 다르게 편곡되어 수록되어
있다.

　　　　　　　　　　　　　　—상사화(김병걸 작사/ 김동찬 작곡/ 남진 노래)

# 거기까지만

거기까지만 거기까지만 말한다고 해 놓고
내 마음 속속들이 열어보였네
사랑하기 때문에
  *잡기도 하고 놓기도 하는 변덕스런 그대 장난 앞에
  만나면 그냥 무너지는 이 마음을 알고 있는
  당신이 미워 미워요

거기까지만 거기까지만 말한다고 해 놓고
내 마음 속속들이 들키고 말았네
사랑하기 때문에
    *

※신데릴라 송가인의 데뷔 음반 머릿곡이다. 이 노래는 당초 류기진이 〈부엉이〉란 제목으로 발표한 노래인데 음반이 나오자마자 공교롭게도 노무현 대통령이 부엉이 바위에서 투신했다는 뉴스를 듣고 가수는 홍보를 접었다. 그때는 인생을 주제로 한 가사였는데 사랑 가사로 일부 수정하였다.

—거기까지만(김병걸 작사/ 이충재 작곡/ 송가인 노래)

# 쑥부쟁이

맺지도 못할 인연이면 사랑했단 그 말만은
가슴에다 묻고 가오 다 꺼내면은 그 눈물 어쩌라고
　*꽃잎에 못 다 숨긴 서러운 그 사연을
바람에 날려버린 바람에 날려버린
쑥부쟁이 속울음만 마디마디 맺히는가

맺지도 못할 사랑이면 잊으라는 그 말만은
당신 혼자 안고 가오 다 꺼내면은 나중에 어쩌려고
　*

※진도 출신의 박진도가 물었다, "김선생 쑥부쟁이가 뭐요?" "나는 그냥 그대 고
향 전라도 가시내라고 생각하시오."

—쑥부쟁이(김병걸 작사/ 박진도 작곡/ 박진도 노래)

# 이별도 내 것

이젠 어떤 이별도 두렵지 않다고 마음을 내려놨지만
행여 돌아올 거란 작은 기대마저도 허망한 꿈이었나 봐
어디부터 잘못됐는지 이유는 모르겠지만
결국 내가 감당해야 하는 아픔이겠지
그래 잊자 보내주자 어차피 잊을 거라면
아무 말도 하지 말자 이별도 내 것이니까

※2024년 남진의 야심작이다. 기대만큼은 아직이다. 이별의 이유는 공동묘지이
다. 보내주어서 편할 수 있다면 얼마든지. 과연 그럴지는 모르지만.

—이별도 내 것(김병걸 작사/ 김영호 작곡/ 남진 노래)

# 춘천역에서

가랑비 부슬부슬 내리는 춘천역에서
잊고 살던 그 사람 우연히 만날 줄이야
횡단보도 하얀 점선에 할 말을 내려놓고
그날처럼 엇갈린다 또 만날 기약도 없이
멀어져버린 우리 두 사람 서글픈 우리의 사랑

기억도 가물가물 희미한 시간 속으로
멀어져간 그 사람 또 다시 만날 줄이야
횡단보도 하얀 점선에 할 말을 내려놓고
그날처럼 엇갈린다 또 만날 기약도 없이
돌아서버린 춘천역에서 내 마음 비에 젖는다

※하필 여기서 만날 줄이야. 아무 말도 못하고 엇갈린 횡단보도에 내려놓고 간 그 말은 무엇일까? 〈안동역에서〉는 단조의 곡인데 눈을 등장시켰고 장조인 〈춘천역에서〉는 비를 기용해 보았다.

　　　　　　　　　—춘천역에서(김병걸 작사/ 김병걸 작곡/ 윤쾌로 노래)

# 물음표만 남기고

물음표만 남기고 그 사람 가네
잊어야 하는지 기다려야 하는지
아무런 말없이 눈물짓고 떠나네
물음표만 남기고 가네
바람 같은 추억만 차창에 그려놓고
비마저 내리는 밤에
빗소리 너머로 사라져간 그 사람
내 마음을 알고 갔을까
기적소리 남기고 그 사람 가네
물음표만 남기고 가네

※프로야구 심판 출신인 가수는 노래도 엄청 잘 부른다. 대중가요가 주문하는 단
조의 정형 가사다. 물음표만 남기고 가는 것이 어디 관계분이랴. 세상 일이 다 물
음표다.

—물음표만 남기고(김병걸 작사/ 김영호 작곡/ 홍준보 노래)

# 이 못난 사랑

내 가슴에 오래 살았죠
나 실컷 괴롭혔었죠
끝끝내 못 버린 미련 때문에
보내지 못한 사람아
이제는 놓으리라 놓으리라
이 못난 사랑의 끈을
아 미운 사람아 눈물이 가슴 젖는 밤
늦었지만 행복을 빈다
2x biss 늦었지만 너를 보낸다

※나가지도 않고 내 가슴에 사는 여자 있습니다. 어쩌면 내가 잡고 있는 거겠지만.
아주 많이 늦었지만 이젠 보내야죠.

—이 못난 사랑(김병걸 작사/ 김현제 작곡/ 송기상 노래)

# 가시

운명이 허락한 건 여기까지였었다
못다 준 말이 너무 많은데
그 마음 아플까 봐 전하지도 못하고
보내야 했던 사람아
이제 더는 나 때문에, 나 때문에 울지 말아요
아 가시처럼 아픈 그 말이
내 가슴 콕콕 찌르네

※이별 앞에서 위로의 말은 더 아프다. 맘에도 없는 소리 하지 말라고 따지고 싶지만 다 소용없는 일. 그녀의 글썽이는 눈매마저도 가시가 되어 가슴을 찌른다.

—가시(김병걸 작사/ 김인철 작곡/ 김기영 노래)

# 사나이 눈물

지금 가지 않으면 못 갈 것 같아
아쉬움만 두고 떠나야겠지
여기까지가 우리 전부였다면
더 이상은 욕심이겠지
피할 수 없는 운명 앞에 소리내어 울지 못 하고
까만 숯덩이 가슴 안고 삼켜버린 사나이 눈물
이별할 새벽 너무 두려워 이대로 떠납니다

돌아서서 흘린 내 눈물 속에
우리들의 사랑 묻어버리면
못 다 부른 나의 슬픈 노래도
바람으로 흩어지겠지
피할 수 없는 운명 앞에 소리내어 울지 못하고
까만 숯덩이 가슴 안고 삼켜버린 사나이 눈물
아침이 오면 너무 초라해 이대로 떠납니다

※1996년 이 노래는 천지를 집어삼켰다. 밴드가 있는 술집마다 이 노래만 연주했다. 노래방도 난리였다. 드디어 이 노래로 조항조는 10대 가수 반열에 우뚝 섰다.

—사나이 눈물(김병걸 작사/ 이동훈 작곡/ 조항조 노래)

# 우수

비가 와서 얼마나 다행인지 몰라
내 눈물을 가릴 수 있어서
들키고 싶지 않는 남자 마음을
저 하늘이 아는 걸까
잘 가라는 말 행복하란 말
너무도 뜨거워
삼키지 못하고 입술에 깨무네
울어버릴 것만 같아서
아 사랑은 빗물이었나
내 가슴만 또 젖어가네

※이별 앞에서 삼킨 말이 비가 되는 저녁, 무슨 용기가 더 필요한가. 그저 조용히
돌아설 수밖에.

—우수(김병걸 작사/ 이동훈 작곡/ 신명 노래)

# 알고 갔을까

사랑하면 안 되냐고 묻고 싶은데
한마디 말 못하고 보낸 사람아
가로등도 흐느끼는 동성로에서
뒷모습만 바라보다 멍든 가슴 치며 울던
내 맘을 당신은 알고 갔을까

기다리면 안 되냐고 묻고 싶은데
세월에 묻어야 될 미련이었나
이제 더는 볼 수 없는 동성로에서
아픈 상처 달래본다 눈물마저 말라버린
내 사랑 당신은 알고 갔을까

※고교를 졸업하던 그 해 아버지의 별세로 대학을 미룬 나는 대구 동성로에서 간판 가게 일을 잠시 했다. 나의 초라한 꼴을 본 첫사랑은 눈물바람으로 떠났고 나는 가슴을 쳤다. 당대 최고의 작곡가였던 박춘석 선생은 내가 가수의 길을 포기하자 당신께서 가사를 바꾸어 김상진의 〈순아〉로 발표했다.

—알고 갔을까(김병걸 작사/ 박춘석 작곡/ 김병걸 노래)

# 물망초

잇을 수 있단 말은 안 하렵니다
못 견디게 그립단 말도 않을 겁니다
물망초 서럽게 피는 날이면
　　*꽃잎을 바람에 던지고
　　사랑이 뭔지를 생각합니다
　　당신을 생각합니다
　　당신은 내게 누구였나요

지울 수 있단 말은 안 하렵니다
눈물 나게 외롭단 말도 않을 겁니다
물망초 서럽게 지는 날이면
　　*

※'나를 잊지 말라'는 물망초의 꽃말은 누가 지어낸 거짓말일까. 지키지 못한 사랑이 용서가 되지 않는 밤. 강가에 나가 목 놓아 울던 날이 물처럼 흘러갔다.

―물망초(김병걸 작사/ 김인철 작곡/ 권수연 노래)

# 추억이 된 남자

너만 혼자 사랑한 거라고
그렇게 말 하면 이별이 쉬운가요
듣고 보니 그 말도 틀린 말은 아니군요
나만 혼자 우는 걸 보니
어디까지가 진실이었나
묻는 나만 바보겠지요
그래요 가세요 어차피 마음 굳혔다면
내가 눈에 보이기나 하겠어요

※참으로 독한 말이다. 어차피 돌아선 사람이 내가 눈에 보이기나 하겠냐고 푸념
하지만 원망은 아니다. 이별 앞에서는 모질어야 한다고 누가 그랬던가. "착각하지
마. 우리 현재 진행 아니다, 난 네게서 이미 추억이 된 거야."

—추억이 된 남자(김병걸 작사/ 김현제 작곡/ 나일강 노래)

# 얼룩진 마스카라

이 비가 그치고 나면 당신 아주 가겠죠
모든 걸 처음으로 되돌려 놓고
과거로 과거 속으로
내 눈물이 마르기도 전에
당신은 웃고 가지만
난 알아요 다시는 내가 전처럼 사랑할 수 없단 걸
이 길고 긴 밤이 지나면
눈물도 끝나겠지만
외로움에 젖은 밤이면 얼룩진 마스카라여

※왜 우느냐고 묻지 말자. 남자는 추억이고 여자는 과거가 된다는 말은 공평하지
않다. 다시는 울지 말자고 다짐하지만 마스카라는 진즉에 젖어버렸다.

—얼룩진 마스카라(김병걸 작사/ 채희성 작곡/ 정유나 노래)

# 새벽 정거장

잊어달라고 말하고 싶었다 가로등 불빛 아래서
입술을 깨물며 돌아오던 밤
주룩주룩 비마저 내렸다
　　*어디서부터 잘못 됐는지
　　물어보고 싶었지만은
　　눈물이 보일까 봐 말도 못하고
　　너를 보낸 새벽 정거장

행복하라고 말하고 싶었다 너무도 사랑했기에
입술을 깨물며 돌아오던 밤
달빛마저 구름에 가렸다
　　*

※뜬눈으로 지새우며 연습한 많은 말이 무용한 새벽. 기적소리 같은 여운만 남기고 그녀는 갔다. 나마저 운다면 기차는?

　　　　　　　　　　　—새벽 정거장(김병걸 작사/ 김병걸 작곡/ 배용 노래)

# 대전에서 내려야 하는데

대전에서 내려야 하는데 부산까지 가고 말았네
앞에 앉은 그 사람 너무도 맘에 들어
부산까지 따라가고 말았네
어떡하든 내 마음을 전해야 할 텐데
무심한 저 여자 뒤도 한번 안 돌아보네
헛기침만 바람에 날리는 저녁
항구 날씨 정말 고약타
대전에서 내려야, 내려야 하는데
부산까지 가고 말았네

※뜸들이다가 고백도 못하고 헛걸음한 경험이 나만 있었을까? 그날따라 바닷바람이 차가운 항구. 날씨만 욕하며 돌아선 남자는 누구였을까. 사람들은 그 남자가 나라고 우겼지만 그냥 가사일 뿐이다. 업소를 뛰는 김상기를 나대길로 이름 바꾸어주고 이 노래가 뜨기만을 고대한다.

　　　　—대전에서 내려야 하는데(김병걸 작사/ 노영준 작곡/ 나대길 노래)

# 제3부 시보다 아름다운 노래

시가 억새라면 가사는 갈대다.

제 속을 채운 억새는 가을까지만 살지만

속을 비운 갈대는 겨울에도 산다.

# 들메꽃

나 이제야 말합니다 당신을 사랑했다고
아끼고 아끼다가 내 가슴에
화석처럼 굳어진 그 말
　　*다시는 울지 말자고 후회도 하지 말자고
　　들메꽃 서럽게 피던 밤
　　술 취해 돌아오는 길
　　너를 닮은 들메꽃만이
　　가슴에 하얗게 피네

나 이제야 말합니다 보낸 걸 후회한다고
부르고 부르다가 내 가슴에
메아리로 사는 그 사람
　　*

※가슴에 화석이 되고 메아리로 사는 한 사람 있습니다. 곤죽이 되어 돌아오는 길
엔 메꽃이 환장하게 피었습니다.

　　　　　　　　　　　　　—들메꽃(김병걸 작사/ 최강산 작곡/ 이충현 노래)

# 지우개 없는 칠판

참 멀리도 왔네
손에 쥔 것 하나 없이
지우고 싶은 얼룩들이 왜 이리도 많나
참 멀리도 왔네
누가 떠밀었다고
다시 쓰고픈 그 세월을 어디 가서 사나
아 인생은 지우개 없는 칠판
분필처럼 세월은 부서지는데
더는 말아야지
아무렇게 갈긴 부끄러운 낙서
인생은 지우개 없네
분필과 칠판만 있네

※계획한다고 작정한다고 인생이 어디 원하는 대로 되는가. 인생이란 칠판에는 지우개가 없다. 분필만 있다. 세월을 파는 가게는 어디에 있는가?

　　　　　　　　　　　　—지우개 없는 칠판(김병걸 작사/ 김병걸 작곡)

# 천년목

여름 소나기도 맞아 봤고
겨울 칼바람에 맞서도 봤다
인생이 무얼까
너도 몰라 나도 몰라
헤매다가 오늘도 나 여기 섰네
아, 천년목 가없는 세월을 잡고
피고지기를 몇 번이던가
꽃잎은 바람에게 주고
향기는 세월에게 주고
어제 같은 오늘이 또 간다

※천년목은 누구인가? 지난한 삶을 줄기차게 붙잡고 바람과 세월에게 무엇을 내주어야 하는가?

—천년목(김병걸 작사/ 장주원 작곡/ 김도연 노래)

# 가로등

가지를 떠난 잎새는 바람이 데려가지만
이대로 우리 떠나면 어디서 다시 만나리
추억 같은 가로등만 홀로 선 골목 저 끝에
술 취한 사내 하나 나처럼 밤이 늦었네
어쩌다 길을 잃었나 나처럼 길을 잃었나
이제는 믿지 말아요 사랑의 약속 같은 건

※술 취한 사내는 밤마다 있고 골목 저 끝에 선 가로등은 밤이 늦은 사내들이 울음
을 버리는 곳이다. 사랑을 믿은 바보들이 즐비한 골목에 나도 끼어 가로등이 된다.

—가로등(김병걸 작사/ 최강산 작곡/ 윤쾌로 노래)

# 목련

할 말이 이리 많은데 어떻게 다 전할까요
입술이 타요 가슴이 타요 그대 마음 알 수 없으니
잎새보다 먼저 피는 목련은 내 맘 알까요
꽃잎에 묻은 서러운 말이 바람에 날리는 저녁
나 혼자 사랑한 건 아니었다고
이제는 말해주세요
어쩌다 내가 목련을 닮아 소리 없이 지는 겁니까

※목련꽃이 하고자 했던 말을 나무가 다 알아 들었다고 기대 말자. 샘 많은 세월이
어디 보고만 있겠는가. 끝내는 꽃송이를 떨구고 잎새를 키우며 가지를 차지한다.

—목련(김병걸 작사/ 최강산 작곡/ 박정현 노래)

# 찬찬찬

차디찬 그라스에 빨간 립스틱
음악에 묻혀 굳어버린 밤 깊은 카페의 여인
　　*가녀린 어깨 위로 슬픔이 연기처럼 피어오를 때
　　사랑을 느끼면서 다가선 나를 향해
　　웃음을 던지면서 술잔을 부딪치며 찬찬찬
　　그러나 마음 줄 수 없다는 그 말
　　사랑을 할 수 없다는 그 말
　　쓸쓸히 창밖을 보니 주루룩 주루룩 주루룩 주루룩
　　밤새워 내리는 빗물

노오란 스탠드에 빨간 립스틱
그 누굴 찾아 여기 왔나 밤 깊은 카페의 여인
　　*

※그날따라 빗줄기는 사람의 발길을 붙잡았고 묘령의 여인은 아름다웠다. 신비한 매력에 이끌려 다가갔지만 보기 좋게 딱지를 맞았고 빗줄기는 더욱 거세어졌다.

　　　　　　　　　—찬찬찬(김병걸 작사/ 이호섭 작곡/ 편승엽 노래)

# 여기까지 오면서

꿈만 먹고 살 수 있나요 욕도 먹고 사는 거지요
사랑만 있는 건가요 눈물도 있는 거지요
　　*여기까지 오면서 잘 못 그린 그림과
　　못 다 부른 노래도 많지만
　　그건 모두 운명이라고 나를 용서할 겁니다
　　여기까지 온 것에 감사하면서
　　내 한숨 지우렵니다

정만 먹고 살 수 있나요 멍도 들고 사는 거지요
꽃길만 있는 건가요 가시밭도 있는 거지요
　　*

※낙원악기상가에서 제일 큰 악기점을 운영하는 가수가 남을 노래 한 곡만 만들어
달라고 주문하여 만든 작품이다. 내가 나를 용서하기란 쉬운 일이 아니다. 가스펠
송 같다고 가사를 칭찬하면서 방송에서 종종 틀어준다.

　　　　　　　　　—여기까지 오면서(김병걸 작사/ 노영준 작곡/ 원정숙 노래)

# 흙이 되어

내가 먼저 가서 흙이 될 테니
임자는 예서 실컷 놀다가
나무가 되어서 오소
내게 맘껏 발을 내리고
얼마든지 기지를 내소
그 가지 위에 잔별도 얹고
은하수도 곱게 띄워
세상에서 못 그린 사랑의 노래를
사이좋게 불러봅시다
임자는 천천히 아주 천천히 오소
내가 먼저 가서 포근한 흙이 될 테니
포근한 흙이 될 테니

※노부부가 보인다. 남편이 아내에게 하는 말일 수도 있고 몹쓸 병으로 죽음을 앞
둔 부인이 남편에게 주는 말이기도 하다.

—흙이 되어(김병걸 작사/ 정의송 작곡/ 정의송 노래)

# 쓰고 보니 낙서

되돌릴 수 없는 세월 참 많이도 갔네
이 모습 아니야 이 모습이 아니야
내가 원한 세상이 아니야
시간은 나를 베고 어디로 흘러가나
쓰고 보니 낙서 읽어보니 장난
그게 인생이었나
쓰고 보니 낙서 읽어보니 장난
그게 인생이더라

※인생이 종이라면 팍팍 다 찢고 싶다. 내가 산 세월이 맘에 드는 사람 몇이나 될까?

—쓰고 보니 낙서(김병걸 작사/ 김인철 작곡/ 유명한 노래)

# 먼 길 오면서

먼 길 걸어오면서
만났던 사람들은 다 어디에 있을까
내가 보는 만큼만 세상은 내게 길을 내어주고
때로 풀꽃의 몸짓으로 나를 이끄네
아 둘러봐 내 선 자리가 어디쯤인지
한송이 눈에도 덮일 내 한몸
쉴 곳을 찾아 바람인 듯 달려온 세월
한줄기 비에도 내 작은 몸 하나
가리지 못해도 사랑해야지 가꾸어야지
먼 길 걸어오면서

※대구에서 작곡실을 하는 친구 허대열이 가사를 부탁했고 나는 〈먼 길 오면서〉
를 건넸다. 가사보다 곡이 잘 나와서 일단은 편곡과 반주음악을 떴다. 임자를 찾다
가 가이드 기분으로 내가 취입했다. 세상은 내가 보는 만큼만 길을 내어준다. 더 있
다면 낭떠러지다. 운명은 내가 개척하고 즐긴다. 내가 만난 사람들에게 잘해 주자.

—먼 길 오면서(김병걸 작사/ 허대열 작곡/ 김병걸 노래)

# 꽃가마

서낭당 고개를 넘어 산딸기 곱게 피던 날
분단장에 꽃가마 타고 시집 간 작은 언니야
　*그 모습 눈에서 안 보일 때까지
　흔들던 손수건 끝에
　눈물로 매달리던 뻐꾸기 울음소리만
　귓가에 여울지네

동구 밖 돌담길 지나 배꽃이 떨어지던 날
사모관대 조랑말 타고 장가 간 둘째 오빠야
　　*

※어릴 적 풍경을 소환했다. 요강을 가마 안에 넣고 강을 건너 시집 간 분옥이 누나는 매형과 해로했다. 일가인 옥순 누나가 시집을 가던 날 대구 신랑이 사모관대를 쓰고 처갓집에서 꼬꼬재배를 하던 기억이 아슴하다.

—꽃가마(김병걸 작사/ 노영준 작곡/ 나우연 노래)

# 바람 편지

잊고 산 누군가에게 편지를 쓰네
이 말을 쓸까 저 말을 쓸까
고치고 고친 그 편지를
겉봉투에 주소도 안 적고 우체통에 넣네
소문내길 좋아하는 바람이 가져가겠지
내용이 궁금해 못 참는 바람이 와서
줄줄이 읽어보고는 고개를 끄덕이는
아 바람 편지
내 마음 들켜버렸네

※디바 조정민의 작품 주문서는 매일같이 날아들었고 나는 여러 작품을 선보이며
매니저를 애태웠다. 정민이와 내가 인연이 있으면 나오겠지 하면서 이 곡 저 곡을
손대며 이 〈바람 편지〉를 내밀었다.

—바람 편지(김병걸 작사/ 장주원 작곡/ 조정민 노래)

# 만무

잊을 거라고 잊을 거라고 가슴에 두 손을 얹고

눈물처럼 쏟아지는 비를 맞으며

한동안 말을 잃었다

나보다 더 좋은 나보다 좋은 사람

만나기를 빌면서

너 떠난 정거장에 주저앉아서

행여 네가 돌아오길 기다려 본다

돌아올 리 만무한 너를

돌아올 리 만무한 너를

※노래 제목이 말하듯 그럴 가능성은 전무하다. 그래도 혹시나 하는 기대를 누가 말리겠는가. 나는 노래를 만들 때 비극적인 내용은 잔인할 정도로 처연하게 상황을 몰고 간다. 나는 이 가사를 음표에다 옮기면서 울었다.

—만무(김병걸 작사/ 이동훈 작곡/ 황옥성 노래)

## 을의 세상

가져보지 않아서 모르고 누려보지 않아서 모르지만
나의 세상아 을의 세상아 억울해 하지 말자
이기려다 다친 갑들이 얼마나 많은지
이기려다 망가진 갑들을 지금도 보고 있잖니
너무 높이 오르면 어지럽단다
낮게 낮게 살아야 안 어지럽다
먼저 피어 먼저 지는 저 꽃들을 보아라
을이 훨씬 잘 사는 거다
인생이 별 거냐 낮은 목소리로
낮은 키로 오래 살자 을의 세상아
높이 오르지 못해도 괜찮다
멀리 가지 못해도 괜찮다
나의 세상아 을의 세상아
슬퍼하지 말자 높이 오르려다
길 잃은 갑들이 얼마나 많니
멀리 가려다 쓰러진 갑들을 지금도 보고 있잖니
너무 높이 오르면 어지럽단다
낮게 낮게 살아야 안 어지럽다
먼저 피어 먼저 지는 저 꽃들을 보아라
을이 훨씬 행복한 거다

낮은 목소리로 낮은 키로 오래 살자

을의 세상아

※갑이 되려고 공부하고 갑이 되려고 수단과 방법을 안 가린다. 그래서 갑이 되셨
나요? 그래서 행복했나요? 민둥산처럼 낮게 사는 사람들의 저녁은 평화롭다. 굴
뚝마다 밥 짓는 연기를 자랑으로 내뿜는다.

—을의 세상(김병걸 작사/ 김시우 작곡)

# 안동역에서

바람에 날려버린 허무한 맹세였나
첫눈이 내리는 날 안동역 앞에서
만나자고 약속한 사람
안 오는 건지 못 오는 건지
오지 않는 사람아
안타까운 내 마음만 녹고 녹는다
기적소리 끊어진 밤에

어차피 지워야 할 사랑은 꿈이었나
첫눈이 내리는 날 안동역 앞에서
만나자고 약속한 사람
안 오는 건지 못 오는 건지
대답 없는 사람아
기다리는 내 마음만 녹고 녹는다
밤이 깊은 안동역에서

※기적소리가 끊어질 때까지 기다린 바보가 있을까? 2절에 가서야 비로소 오지 않는 다는 걸 알고 있다. 그래서 '어차피 지워야 할 사랑은 꿈이었나'라고 포기했다. 무릎까지 덮는 눈은 순정의 높이다. 이 노래로 진성은 30년 무명을 벗고 최고 가수로 도약했다. 110년 가요역사상 최고의 히트곡인 〈안동역에서〉는 나의 실화이다. 이 노래는 노래비를 세웠고 급기야 2021년 안동시에서는 '김병걸가요제'를 만들어주었다. 2014년 진성과 나는 MBC 최고 가수상과 최고 작사상을 나란히 수상했다.

—안동역에서(김병걸 작사/ 최강산 작곡/ 진성 노래)

# 문자라도 보내 볼까

문자라도 보내 볼까 이미 늦었겠지만
후회한다고 사랑한다고
돌아오면 안 되냐고
지우지 못한 지난날이 이렇게도 많은데
어떻게 너를 보낼 수 있나
나 정말 잊을 수 있을까
어디쯤 간 거냐고 돌아오면 안 되냐고
문자라도 보내 볼까

※붙잡지 못한 후회를 노래한 이 곡은 예천에서 한국연예협회 지회장을 하는 채희삼이 가져갔다. 만들 때는 큰 가수를 겨냥했는데 곡의 임자는 따로 있나 보다. 장조이지만 단조풍인 이 노래를 탐내는 가수들이 여럿 있지만 나는 한 번 출가시킨 딸은 가급적이면 재가 시키지 않는다. 딸은 작품이다.

─문자라도 보내 볼까(김병걸 작사/ 최강산 작곡/ 채희삼 노래)

# 제4부 고향을 가슴에 두다

시골에서 상경한 나는 언제나 고향을 가슴에 둔다.

달이 뜨면 달 속에 별이 뜨면 그 별 속에 고향이 들어 있고,

고향 말씨를 쓰는 사람에게도 고향을 만난다.

# 고향

일 년에 몇 번이나 가보나
부모님 안 계시니
고향도 남이 되고 친구도 추억이네
돌담에 홀로 피는 저 해바라기
나 보라고 그리움을 꽃잎에 매달았나
지금은 아무도 살지 않는 집
아궁이에 군불을 넣고
어머님 냄새가 배어 있는 그 방에서
하룻밤만 자봤으면

※사람 온기가 없으면 집은 무너진다. 폐가는 을씨년스러워도 추억은 언제나 다정
하다. 아 어머니 냄새가 묻어 있는 저 방에서 하룻밤만 자 봤으면. 그런데 그 게 잘
안 된다.

—고향(김병걸 작사/ 김영호 작곡/ 신정수 노래)

# 맨드라미

너도 서울 나도 서울 떠나간 고향에
무너진 초가만이 세월을 말해주는데
소꿉장난 꿈을 찧던 돌담 밑에 앉아서
뻐꾸기 울음따라 피는 꽃이여
그 시절 동무들은 어디로 가고
맨들맨들 맨드라미 너만 홀로 반기나

너도 서울 나도 서울 외로운 고향에
우물가 맑은 물은 지금도 고이건만
별을 따던 그 가을 밤 마루턱에 앉아서
벽오동 달빛 잡고 우는 사나이
그 시절 그 추억은 어디로 가고
뀌뚤귀뚤 귀뚜라미 너만 홀로 반기나

※찾아간 고향마을은 뜸해진 발길만큼 낯설어졌고 맨드라미와 귀뚜라미만 반겨
주었다. 내가 부르려고 음반까지 냈는데 진성이 탐을 낸다. 편곡을 달리하여 음반
을 낸다니 기대가 크다.

—맨드라미(김병걸 작사/ 김병걸 작곡/ 진성 노래)

# 촌놈

백도라지꽃 이슬 젖던 날 재를 넘어 기차를 타고
서울 간다고 떠난 고향이 손꼽아 보니 아득한 세월
집도 사고 장가도 가고 서울에서 더 살았는데
나는 아직도 보리 냄새 폴폴 나는 촌놈이었나
어디쯤 온 걸까 곤지암쯤일까 서울 온 삼돌이

별이 빛나는 밤이면 홀로 먼 하늘을 쳐다보았네
어릴 때 놀던 그리운 얼굴 별처럼 뜨네 가슴에 뜨네
자식 낳고 부모가 되고 서울에서 더 살았는데
나는 아직도 시골 사투리 못다 버린 촌놈이었나
언제나 가려나 내 살던 고향에 서울 온 삼돌이

※서울에서 50년을 살았다. 고향에서보다 두 배는 더 살고 있다. 하지만 나는 아직도 보리냄새 폴폴 나는 촌놈이고 고향 사투리를 못 버린 촌놈이다. 정작 사대문 안에 살지만 아직도 서울에 다다르지 못하고 곤지암쯤 왔나 보다. 서울 언저리에서 흉내나 내는 내가 가련하다는 생각이 드는 건 왜일까? 평생을 화 한번 낼 것 같지 않은 경주 출신의 김억이 불렀다.

—촌놈(김병걸 작사/ 이동훈 작곡/ 김억 노래)

# 홍천강 400리

태극강변 허리를 안고 흘러가는 400리 홍천강아
굽이굽이 사연을 엮어 서리서리 눈물이더냐
바람에 옥수수잎이 소곤대는 고개를 넘어
금학산 팔봉산에 안기어 산다
홍천강아 홍천강아 너는 안다 나의 마음을

잣나무숲 골짜기 지나 인삼 향기 바람에 날아가면
송아지도 엄마를 찾는 산골 마을 정다웁구나
황금물결 논길을 따라 풍악소리 걸어놓고
가리산 공작산에 노을이 진다
홍천강아 홍천강아 너는 안다 나의 청춘을

※홍천에서 사업장을 가진 가수는 홍천강을 사랑했고 노래를 주문했다. 이왕이면 향수를 부르는 사연을 쓰자고 노력했다. 곡이 먼저 된 작품이라 곡의 결을 따라 가사를 수놓았다.

—홍천강 400리(김병걸 작사/ 김상욱 작곡/ 윤쾌로 노래)

# 귀향

서울아 잘 있거라 잘 있거라
나 이제 고향으로 돌아갈란다
어차피 들고 갈 집도 땅도 아니잖아
못 떠날 이유도 없잖아
사투리도 반가운 정든 산천에
도시의 찌든 때를 씻어버리고
남은 내 인생 놓아주고 싶다
너무 오래 붙잡고 살았다
서울아 잘 있거라 잘 있거라
고향으로 돌아갈란다

※내려간다 하면서도 귀향을 엄두 못 내는 내가 딱하기만 하다. 음악작업은 어디
서나 가능한데 겁이 많은 나로서는 망설이디가 하 세월이다. 도시의 멍든 상처는
향리에서 치유된다는 속설을 믿어보자.

—귀향(김병걸 작사/ 김인철 작곡/ 김기영 노래)

# 도시의 남자

민들레처럼 날아와 나 여기 살고 있지만
공중에 붕 떠 있는 저 구름인가 마음은 나그네
꿈도 사랑도 여기 있는데 왜 자꾸 허전할까
꿈길은 꿈길은 고향엘 가네 외로운 도시의 남자

보릿고개가 힘들어 떠나온 고향이지만
날마다 깜빡이네 호롱불 같은 추억이 날 부르네
일도 친구도 여기 있는데 왜 자꾸 허전할까
마음은 마음은 고향엘 가네 외로운 도시의 남자

※검사 딸을 둔 가수는 쇳물을 다루는 기술자다. 제천이 고향인 그는 밤이면 마음
이 고향으로 마실을 간다. 타향에 사는 모두의 사연이 고스라 한 노래다.

—도시의 남자(김병걸 작사/ 김인철 작곡/ 김상래 노래)

# 낙동강아

어머님의 눈물이더냐 한세월 안고 떠도는
칠백 리 유랑의 길 낙동강아 너를 따라 나도 흐른다
바람에 부서지는 모래알같이
수많은 얼굴이 반짝이는 하늘에
누가 가고 누가 남았나
말해다오 말을 해다오 낙동강아 말 좀 해다오

아버지의 한숨이더냐 숨가쁜 세월을 건너
칠백 리 유랑의 길 낙동강아 너를 안고 내가 살았다
바람에 부서지는 모래알 같이
수많은 사연이 흩어지는 저 길로
누가 가고 누기 남았나
말해다오 말을 해다오 낙동강아 말 좀 해다오

※나는 낙동강 마을에서 태어나고 자랐다. 하회마을을 돌아온 강이 구담을 지나 지치기 나루가 있는 마을로 오면 해마다 집채만한 홍수를 보며 물난리에 익숙한 어린 시절을 보냈다. 나룻배로 강을 건너 장에 가고 형들이 서울로 유학을 떠났다. 어머니께서는 당신 삶이 서러울 때마다 강둑에 나와 울음을 강에다 버렸다.

—낙동강아(김병걸 작사/ 김병걸 작곡/ 윤달구 노래)

# 명사십리

이별한지 몇 해냐 두고 온 원산만아
해당화 곱게 피는 내 고향은 명사십리
살아생전 꼭 한번만 다시 가자 소리쳐도
눈 감고 돌아앉은 바다 저 멀리
해당화 너만 피느냐

눈 감아도 선하다 옛 놀던 그 시절이
은조개 속삭이는 내 고향은 명사십리
죽기 전에 다시 한번만 만나보자 불러 봐도
대답할 그 날짜가 너무 막연해
물새야 너도 우느냐

※1986년 훗날 너훈아로 개명한 김갑순의 데뷔작이다. 60대 초반에 절명한 그는
나훈아의 모창 가수로 유명했다. 원산이 고향인 지인이 주문하여 만든 이 노래는
여러 가수들이 리메이크한 우월한 곡이다.

―명사십리(김병걸 작사/ 임정호 작곡/ 김갑순 노래)

# 평택항 철교

동수도 가고 순이도 떠난 고향은 허허 벌판
흙 묻은 손을 가슴에 얹고
잊지 말자 다짐한 그날
술잔에 나눠 마신 이별이 서러워
기적도 멎어버린 평택항 철교엔
시름없는 조각달만 강물에 흐르네

철수도 가고 옥이도 떠난 내 고향 평택항아
이렇게 가면 언제 또 오나
울먹이던 그날 밤 친구
술잔에 나눠 마신 이별이 서러워
기적도 멎어버린 평택항 철교엔
흔들었던 손수건만 강물에 흐르네

※처음에는 〈압록강 철교〉였다. 가수가 여럿 바뀌면서 2024년 김난희가 자기 고향 평택으로 수정했다. 이농현상이 극심하던 1980년대에 만든 이 노래는 아주 못 볼 이별도 아니건만 당시에는 고향을 등지면 재회의 기약은 아득했다.

—평택항 철교(김병걸 작사/ 김다양 작곡/ 김난희 노래)

# 여기는 원주

치악산이 높아도 기차는 간다
구룡사 물소리 아침을 깨우면
정다운 사람들 원주는 내 사랑
단계동의 밤거리 너무나 황홀해
볼 게 볼 게 많아요 먹거리도 넉넉해
시간 나면 가보세요 소금산 출렁다리
금대계곡에 발 담그고 사랑노래 불러요
가슴이 뻥 뚫리네 아름다운 이 도시
여기는 원주

치악산이 높으니 기상도 높다
상원사 종소리 전설이 아름다운
강원의 제1도시 원주는 내 사랑
찰옥수수 토토미 원주만두 맛있어
볼 게 볼 게 많아요 먹거리도 넉넉해
시간 나면 가보세요 소금산 울렁다리
금대계곡에 발 담그고 사랑 노래 불러요
가슴이 뻥 뚫리네 활기 넘친 이 도시
여기는 원주

※원주시에서 부탁하여 만든 노래다. 가사에서 내용요구가 많아 자칫 조악한 곡
이 나올까 걱정했는데 나름 보폭을 맞추었다.

—여기는 원주(김병걸 작사/ 장주원 작곡/ 정명빈 노래)

# 들풀처럼

삶은 때로 나를 배신하고
내 뜻과 다르게 나를 데려가지만
미워하지 않으리 원망하지 않으리
꾹꾹 참고 내 길을 가리라
　*저 바람 부는 벌판에 들풀처럼 살아도
　쓰러지지 않고 꽃을 피우리라
　한 번뿐인 내 인생 사랑하며 살 테야
　웃으면서 살아갈 테야

삶은 때로 나를 재촉하고
감당도 못하게 나를 울게 하지만
비겁하지 않으리 매달리지 않으리
당당하게 내 길을 가리라
　*

※가수는 고향 친구다. 그는 성공한 출향인으로 고향발전과 대학이나 병원 등에
거액을 쾌척하는 기부천사. 들풀처럼 산 그의 인생은 파란만장하지만 위대한
여정을 이어가고 있다.

—들풀처럼(김병걸 작사/ 김인철 작곡/ 이기윤 노래)

82

# 강진 아리랑

강진만 갈대가 울면 백련사의 종도 울고
해풍 따라 찾아온 동백아 너는 누구냐
가우도 출렁다리 손잡고 거닐며
사랑노래 짓던 님아
  *왜 나를 버리고 어느 품에 안겼나
  울며 불며 맹세한 님아
  그 많은 약속을 나 혼자서 어쩌라고
  동백은 왜 꺾었소 아리아리 아리랑
  불러보는 강진 아리랑

영랑의 모란이 피면 다산 초당 손님 들고
마량포구 선착장에 갈매기 너는 누구냐
탐진강 푸른 물결 굽이쳐 흐르면
사랑노래 짓던 님아
  *

※가수가 강진 출신이라 다른 가사가 있던 노래를 가사만 바꾸었다. 곡이 길어 가사를 깁는 데 애를 먹었다. 작사가는 인터넷을 검색하고 가사를 쓰기도 하지만 나는 강진을 두 번이나 다녀와서 그쪽 풍경이 손에 잡힌다.

—강진 아리랑(김병걸 작사/ 유남해 작곡/ 윤소미 노래)

# 진도 아리랑

수평선 저 너머 뱃고동소리에
동백꽃도 수줍어하는데
파도가 울리고 간 조약돌 같은
이내 마음 그 누가 아나
　*끼룩끼룩 갈매기는 알아줄까
　저 바다가 알아줄까
　애타는 이 심정을 달랠 길 없어
　불러보는 아리랑 진도 아리랑

울돌목 감고 도는 사공의 노래는
바람 되어 뭍으로 가는데
그 누가 새겼느냐 아리랑을
가슴 아린 아리랑을
　*

※진도가 고향인 작곡가는 악보를 하나 내밀었고 가수는 유지나라고 했다. 나는 진도와는 인연이 많다. 가수로는 박진도와 송가인 그리고 몇이 더 있다. 군에 있을 때 섹스폰을 불던 고참 정우진 병장과 차트를 그리던 한문철 일병이 진도 출신이다. 친한 코메디언 함재욱 형의 고향도 진도다. 유지나 특유의 바이브레이션과 음색이 잘 우러난 작품이다.

—진도 아리랑(김병걸 작사/ 김병학 작곡/ 유지나 노래)

# 육십령

이 고개를 넘어가면 전라도
돌아가면 경상도
굽이굽이 육십령 고개
구름 걸린 산허리를 바람 타고 올라가면
하늘도 내 품인가 육십령 고개야
올라가든 내려가든 인생사 나그네인데
그 누가 거친 숨을 몰아쉬면서
이 고개를 넘어 가는가

※우선 반주음악부터 완성했다. 가수는 미정이지만 나는 이 〈육십령〉을 가사와 곡을 동시에 만들고는 만족했다. 고개를 넘으면 보이는 마을 그 세상은 불가의 피안이다. 전라도 장수와 경상도 함양을 잇는 고개인 육십령은 옛날 도적의 습격을 우려해 60명이 모여야 넘는다고도 했고 산굽이가 60개라 하여 붙인 이름이라고 한다.

—육십령(김병걸 작사/ 김병걸 작곡)

# 남이포 사랑

창수령을 넘어온 산들바람이
반변천에 내리던 그날
잎담배 따던 골짝 산길을 돌아
서울로 떠나간 사람
　　*보낸 봄이 몇 번이냐 기다림만 안타까운데
　　영원을 맹세한 남이포야
　　너만은 변하지 마라

일월산에 올라가 해맞이 하던
그 추억은 어디로 갔나
빨갛게 익어가는 고추를 보며
내 마음 전해 본다
　　*

※경북 영양이 고향인 2군 문선대 고참인 가수는 투병생활을 하며 마지막 소원을
실천했다. 나는 영양을 몇 번 가보았고 이 가사를 쉽게 썼다. 남이포는 영양의 명
소다. 선바위가 있는 남이포는 반변천에 위치한다.

　　　　　　　　　　　　—남이포 사랑(김병걸 작사/ 노영준 작곡/ 김세권 노래)

# 충무로의 밤

이름이라도 물어볼 걸
가끔은 생각이 나네
잊으려 했지만 그리워지네
사랑한 적도 없는데
　*우연히 만났지만 내 마음 뺏겨버렸나
　돌아올 기약 없는 충무로의 밤
　바람처럼 스쳐간 여자

명함이라도 주고 올 걸
스치고 가버린 사람
지우려 했지만 그리워지네
사랑한 적도 없는데
　*

※뒤늦은 후회는 부지기다. 인연이 아니니 그랬을 거라고 달래기에는 평생토록 아
쉽다. 굳이 시간을 함께 했다고 사랑은 아니다. 그녀도 나처럼 이럴까는 부질없는
욕심이고 사치다.

　　　　　—충무로의 밤(김병걸 작사/ 최강산 작곡/ 전문기 노래)

# 종로연가

올 사람 없는데 올 사람 없는데
그 누굴 기다리나
저 가로등은 알고 있을까
기다리는 이 내 마음을
사랑한다고 전부터 좋아했다고
그 말 그 말 전하지 못했네
종로에서 만난 사람
당신도 나처럼 이 거리를 걷고 있을까

※진안 출신의 우등생이 가져갔다. 유명 가수에게 주려고 음악까지 만들어 놓은 노래를 신인 무명에게 빼앗겼다. 종로는 내가 40년을 걸은 거리다. 눈을 감아도 간판이 외워질 만큼. 종로에서 만났던 그 사람도 나처럼 혹시나 하면서 거닐고 있지는 않을까?

—종로연가(김병걸 작가/ 노영준 작곡/ 우등생 노래)

# 월영교

내 너를 만날 거라고 기어이 만날 거라고
달빛에 물어본다 저 강물에 물어본다
　　*월영교 이 다리를 건너면 이 다리를 건너가면
　　내 소원을 들어주느냐 소원을 들어주느냐
　　나 오늘도 너를 찾아와 내 마음을 전해본다

내 너를 만날 거라고 기어이 만날 거라고
나 지금 약속한다 나 여기서 약속한다
　　*

※안동댐을 내려오다가 만나는 멋진 다리 월영교. 나무다리로 달밤이면 그 자태
가 우아하면서도 신비롭다. 나는 임진강 다리에 걸어둔 편지를 떠올리고 이 다리
에도 소원을 비는 편지를 걸어두면 어떨까를 생각했다. 안동시에서는 아직 대꾸
도 않지만 이 다리가 '소원의 다리'가 되어 붐볐으면 한다. 안동 출신의 고교 선배
인 권승이 부르고 다리를 건너면 노래비가 서 있다.

　　　　　　　　　　　　　　　　　　—월영교(김병걸 작사/ 김인철 작곡/ 권승 노래)

# 천왕봉

구름 한조각 허리에 두르고
바람 한조각 골짜기에 숨기고
천년을 사는 천왕봉아
이름 없이 살다 가는 저 풀꽃처럼
우리네 인생을 속속들이 다 알고 있다
피는 건 무엇이고 지는 건 누구더냐
힘차게 뻗어 내린 너의 발 아래
지리산 수만 봉만 높아 갔구나
섬진강 맑은 물만 푸르렀구나

※지리산 정상 천왕봉은 우리의 자존심이다. 산은 밑을 내려다보며 사람들의 역사를 품고 산다. 모였다 흩어지는 구름과 일고 사라지는 바람은 영욕의 인간사를 말함이리라. 나는 지리산을 두 번 올라 봤다. 이 땅의 장대한 산맥을 대변하는 지리산은 오늘도 꿋꿋하다. 아직 가수를 찾진 못했지만 김호중이나 곡이 가곡풍이라 성악가를 생각하고 있다.

─천왕봉(김병걸 작사/ 노영준 작곡)

# 을지로 연가

가로등 불빛마저 쓸쓸한 을지로에서
짧았던 사랑 아쉬움 두고
돌아서 간 사람아
    *지키지 못할 약속 같은 건
    두 번 다신 하지 말아요
    당신 눈엔 안 보이겠지만
    장대같이 굵은 눈물이
    내 가슴에 쏟아지니까

가로등 불빛마저 잠이든 을지로에서
못다 한 사랑 가슴에 안고
멀어져간 사람아
    *

※트로트 가사의 기본을 잘 갈무리한 가사다. 허무한 사랑의 밑바닥을 보는 것 같아 가슴 저리다. 도시의 화려함을 대변하는 네온과 가로등, 그 가로등마저 쓸쓸한 을지로는 이별의 정거장이고 나루다. 나와는 정두수 작사교실의 동기생인 창원 출신의 송주나가 불렀다.

—을지로 연가(김병걸 작사/ 노영준 작곡/ 송주나 노래)

# 느티나무야

느티나무야 느티나무야 200년도 더 산 느티나무야
이런 일 저런 일 다 보고 살아도
좋다 싫다 말 하지 않는 너
사는 게 왜 이러냐고, 이 모양이냐고
투덜투덜 화내지 마라
삽살개가 듣고 꼬꼬닭이 듣는다
아 그래도 느티나무는
동구 밖에 오늘도 푸르다

※동구 밖엔 팽나무나 느티나무 혹은 플라타너스가 서 있다. 마을 입구를 지키며 가가 호호 세간사를 읽고 있는 느티나무는 수백 년을 족히 산다. 이러니 저러니 거들만도 하련만 미동도 않고 지켜보는 느티나무는 마을의 큰 어른이자 수호신으로 오늘도 푸르다.

—느티나무야(김병걸 작사/ 공정식 작곡/ 황진영 노래)

# 한강

꽃 같은 사람들이 낙엽처럼 흘러간

아스라한 긴 세월을 달려 온 한강수야

잘 나고 못난 사람 제 멋에 사는 세상

그 깊은 속사정을

알아도 그만 몰라도 그만

정처 없이 너는 흐른다


별 같은 사람들이 유성처럼 흘러간

아스라한 긴 세월을 달려 온 한강수야

미운 정 고운 정에 매달려 사는 세상

그 깊은 속사정을

알아도 그만 몰라도 그만

너를 따라 나도 흐른다


※가요 속에 강은 한이고 유랑이다. 사람들은 꽃이었다가 낙엽으로 졌고 별이었다가 유성으로 사라졌다. 미운 정 고운 정을 엮으며 주어진 세월을 살다가 마지막엔 강이 되었다.

—한강(김병걸 작사/ 김상욱 작곡/ 오세근 노래)

# 제5부 세상으로 나가다

작사가는 가수의 노래로 세상에 나가고 만난다.
시대를 고발하고 세태를 풍자하는 예술이 가요다.
그래서 가요를 시대의 거울이라 했던가.

# 남남북녀

남자는 남쪽 먼 고형에서
날마다 조금씩 잊혀져 가고
여자는 북쪽 서울 서울로
날마다 조금씩 멀어져 갔네
키보다 더 높은 그리움들이
남자의 가슴을 때리고 가도
여자는 빌딩숲 나비를 찾아
두고 온 첫사랑을 지워야 했네
물복숭아 아름답게 핀
그날 밤을 그날 밤을
남자는 남쪽 먼 고향에서
날마다 하나씩 추억을 줍고
여자는 북쪽 서울 서울로
밤마다 하나씩 허물을 벗네

※에레나가 된 순이는 도회 곳곳에 있었고 앵두나무 우물가 처녀들은 물동이며 호밋자루를 내던지고 상경했다. 미싱을 밟는 여공 아니면 배운 게 없는 그녀들이 설 곳은 어디였을까. 김지애는 〈물레야〉로 스타덤에 올라 〈얄미운 사람〉, 〈몰래한 사랑〉과 이 노래를 히트 넘버로 최고 가수가 되었다.

—남남북녀(김병걸 작사/ 박현진 작곡/ 김지애 노래)

# 만년설

길 없는 지도를 사는 게 인생이었나
가면 다시 오지 않는 시간을 걸어서
눈을 뜨면 어제 같은 아침 해를 맞네
지금껏 그래왔듯 강하게 사는 거야
아플 틈이 어딨어 눈물도 사치야
녹지 않아 산이 된 만년설처럼
바람을 견디며 서 있는 몽블랑의 만년설
언제나 나는 너를 닮고 싶어라
햇살에 가슴 맡기고 내 안에 반짝이는 너
날마다 한 걸음씩 너에게 간다

※왜 산에 가냐고 물으니까 산이 거기 있기 때문이란 말은 가히 명답이다. 나는 가요황제 남진형님에게 이 노래를 바치고 싶었다. 이 형 정도는 되어야 이 만년설을 노래할 자격이 있다고 믿었다. 아 나도 만년설이 되고 싶다.

—만년설(김병걸 작사/ 장주원 작곡/ 남진 노래)

# 그놈

주기도 하고 뺏기도 하네 세상이란 그놈에게
잃기도 하고 따기도 하네 세상이란 그놈에게
사귀면 친구 맘 주면 내편 세상이란 그놈은
내편도 됐다가 네편도 되는
그런 세상 적은 되지 말자
세월 속에 온갖 모습의 세상이 들어 있고
세상 속에 여러 얼굴의 세월이 모두 다 있네
이쁜 놈 미운 놈 지겹도록 만나네
싫든 좋든 또 만나네
그래도 그래도 사랑하자
그놈이 바로 나니까

※땅따먹기, 집따먹기, 돈따먹기, 사람따먹기 일따먹기. 따먹기도 많다. 사는 일
상이 따먹기 시합이다. 일방적인 것은 없는 법, 주기도 하고 잃기도 한다. 국가 간
에 영토분쟁은 지구의 환부다. 세상이란 판때기는 요지경이다. 그놈은 너고 나다.

—그놈(김병걸 작사/ 이충재 작곡/ 강문경 노래)

# 흥부가 언제

흥부가 언제 다친 제비 기다렸나
심청이가 언제 인당수 찾아다녔니
마음이 간절하면 누군가 나타나네
세상은 눈가 귀가 있다네
어쩌다가 그랬냐고 왜 하필 나였냐고
후회하거나 화내지 말자
때가 되면 보인다 때가 되면 만난다
아직은 내 차례가 아니다
하다가 하다 보면 수가 나오고
가다가 가다 보면 길 나온다
흥부가 언제 세상 탓했나
생긴 대로 살 거야
기다려 기다려 기다려

※2025년 1, 2월과 3월은 MBN '현역가왕2'에 온 나라가 들썩였다. 탑7을 뽑는
선발 과정이 치열했고 드라마였다. 탑10을 선정 신곡경연을 했는데 작품을 공모
했고 나는 운 좋게도 세 작품이 선정되었다. 그 중 하나가 이 〈흥부가 언제〉이다.
예능프로에 감초인 김수찬은 이 곡을 선택했고 나를 흥분시켰다.

―흥부가 언제(김병걸 작사/ 김영호 작곡/ 김수찬 노래)

# 삼각관계

누군가 한 사람이 울어야 하는 사랑에
삼각형을 만들어 놓고 기로에 선 세 사람
세 사람
사랑을 고집하면 친구가 울고
우정을 따르자니 내가 우네 사랑이 우네
하필이면 왜 내가 너를
하필이면 왜 내가 너를
사랑했나 우는 세 사람

※사람은 삼각관계 속에 산다. 매사가 다 관계의 진행이지만 이런 저런 아니면 또 다른 하나. 길도 이리 갈까 저리 갈까, 차라리 돌아갈까로 세 갈래다. 무엇을 고집해도 내어주어야 하는 뭔가가 반드시 있다. 이것을 우리는 희생이라고 한다. 희생은 불가피한 투자의 수순이다. 나는 이 가사를 멜로디가 먼저 온 악보에 썼지만 이성 간의 삼각관계는 만들지 않는다. 강진이 대박을 친 이 노래는 오늘도 노래방에서 씩씩하다.

—삼각관계(김병걸 작사/ 이호섭 작곡/ 강진 노래)

# 마부

세월 앞에 장사 있나 고장 날 때도 됐지
낡은 수레로 먼 길 왔구나
돌아갈 수 없는 머나먼 길을
허겁지겁 달려왔구나
해보고 싶은 일도 많고 많은데
세월에 꺾이고 세상에 꿇었다
인생은 마부였던가
가야할 지평선 머리에 이고
석양에 버드나무 말고삐 메는
인생은 마부

※2023년 강진의 야심작으로 발표했으나 그다지 빛을 보진 못했다. 오디션 프로
에서 역주행을 기다려 본다. 세월에 지고 세상에 꿇는 게 인간의 삶이다. 말이 사
람인지 수레가 사람인지 아무려면 어떤가, 어언 나도 낡은 수레가 되고 말았다.

—마부(김병걸 작사/ 김영호 작곡/ 강진 노래)

# 청춘열차

뜨겁게 불타오르는 가슴엔 사랑이 차고
싱그런 이야기로 펼치는 내일이여
장밋빛 젊은 영혼이 꿈꾸는 간이역마다
고독한 너와 나는 오늘도 꿈을 꾼다
어디쯤 가야만 하나 끝없이 이어진 이 길
아직은 우리 서로 서툴고 낯설지만
그러나 누가 멈출까 달리는 청춘의 열차
바람 찬 언덕 넘어 꽃 피는 에덴으로
차표 없이 가는 인생이여
머물 곳이 따로 없다 해도
사랑하는 그대 함께 가는
너와 나의 청춘열차여

※〈첫차〉로 인기를 달리던 트리오는 2탄 〈뱃고동〉으로 승부를 걸었으나 실패하여 당시 매니저 김종민 사장은 나에게 후속곡을 주문했고 나는 바다에 가서 죽었으니 육지를 달리는 차 시리즈물인 〈청춘열차〉를 썼고 보기 좋게 적중했다. 1987년 당시 모든 방송의 가요프로에서는 이 노래를 시그널송으로 지정하다시피 하여 매일같이 틀었다. 우리 가요 역사상 트로트 장르에서는 최초의 컴퓨터 시퀀싱 음악이다.

—청춘열차(김병걸 작사/ 이응도 작곡/ 서울씨스터즈 노래)

# 대한민국 용됐다

보릿고개가 어제 같은데 고무신이 어제 같은데
그건 그건 다 옛말 대한민국 용됐다.
얼쑤 얼쑤 대한민국 아리랑
아리랑 아리랑 아라리요 아라리
이것도 일등 저것도 일등 못하는 게 없는 나라
얼쑤 얼쑤 잘났구나 대한민국
콧노래가 나오네 어깨춤이 덩실 더덩실
아리아리 아리랑 미워하지 말고 원망하지 말고
하나되어 살아보세 얼쑤
싸우지도 말고 편가르지 말고
하나되어 살아보세 얼쑤

※나라가 혼탁하다. 힘든 노동보다 나쁜 것은 비전이 안 보인다는 것인데 편이 갈리고 상대를 인정하지 않으려는 풍조가 도를 넘었으니 무슨 앞이 보이겠는가. 특정지역을 숙주로 두고 정당인지 패거린지 구분 안 가는 정치가 정의를 가장하여 준동한다. 노래는 사회계몽이고 경세가이다. 잘난 대한민국을 지키고 가꾸자.

—대한민국 용됐다(김병걸 작사/ 김병걸 작곡/ 한슬이 노래)

# 시방

군산 찍고 익산 지나 나 시방 서울 간다
재 넘어 고개 넘어 역마다 서는 완행열차란다
인사나 나눕시다 통성명 트고 가다보면
친구랍니다
하룻밤 인연이 어딘데 서울 가면 연락이나 합시다
배운 게 있나 가진 게 있나 그대나 나나
깡으로 버티고 잊지나 맙시다
고향집 떠날 때 먹은 그 마음
어딜 가든 변하지 마소
군산 찍고 익산 지나 나 시방 서울 간다

※다들 그렇게 서울로 왔다. 가난이 싫어 농사가 싫어 고향을 떴다. 출세는 가출이 시작인가? 기차 칸에도 인생이 보인다. 차림새나 말투에서 이미 들통이 나고 점쟁이처럼 앞날을 읽을 수 있다.

—시방(김병걸 작사/ 김병걸 작곡/ 진갑수 노래)

# 서울아 평양아

눈 감고 걸어가도 반나절 거리가
40년을 걷는구나 서울에서 평양까지
평양에서 서울까지
오늘이냐 내일이냐 만나 볼 그날이
부르다 목이 메인 한강아 대동강아
만나 보자 만나 보자 지금도 늦지 않았다
서울아 평양아

금 하나 그어놓고 너는 너 나는 나
40년을 울었구나 서울에서 평양에서
평양에서 서울에서
보이느냐 들리느냐 만나 볼 그날이
오늘도 목이 메인 한강아 대동강아
만나 보자 만나 보자 지금도 늦지 않았다
서울아 평양아

※1992년 현철은 이 노래를 KBS, MBC 10대 가수 시상식에서 불렀다. 나의 기대와는 달리 반나절 거리가 벌써 80년을 걷고 있다. 임진강 어디에 노래비가 서길 바랐는데 어느 정부도 눈을 주지 않았다. 1980년대 중반 유럽을 거쳐 김용이란 북한 가수가 월남하여 당시 안기부에서는 작곡가 백영호 선생과 나를 불러 노래를 주문했는데 그 노래가 〈아 평양아〉였다. 김용은 작품자로 나를 지목했는데 북한에서 최고 작곡자가 내 이름과 동일한 김병걸이라고 했다. 기묘한 인연이라며 반색했다. 훗날 나는 이 가사를 조금 고쳐 현철에게 주었다.

—서울아 평양아(김병걸 작사/ 박현진 작곡/ 현철 노래)

# 내 인생

홀쭉이 세상도 한세상 뚱뚱이 세상도 한세상
어차피 한번 사는데 고민하지 말자
투덜대지 말자 오는 대로 맞이해 보자
이런 세상 있으면 저런 세상 있으니
피는 꽃만 보지 말고 지는 꽃도 보자
어차피 한번 사는데
    *미워하지 말자 사랑하며 살자
    모두가 내 인생이야

바쁘게 살아도 한세상 느리게 살아도 한세상
어차피 한번 사는데 고민하지 말자
투덜대지 말자 주는 대로 받으며 살지
이럴 수가 있으면 저럴 수도 있으니
내 주장만 옳다 말고 입장 바꿔 보자
어차피 함께 사는데
    *

※언뜻 보면 삶의 모습이 제 각각이지만 따지고 보면 거기서 거기다. 두 번은 못 사는 인생을 속단하고 미워 말자. 내가 나를 사랑하지 않는데 남이 어찌 나를 대접해 주겠는가.

—내 인생(김병걸 작사/ 김병걸 작곡/ 조한국 노래)

# 내 인생의 히스토리

이거다 하면 저거였고 저거다 하면 이거였다
헛짚고 사는 세상
　*그래도 어쩔 거냐 어쩔 것이냐
　내 인생 내 운명인 걸
　여기까지 오는 동안 삶에 베인 상처가
　너나 나나 얼마나 많니 얼마나 많았니
　땀으로도 다 못 써 눈물로도 다 못 써
　내 청춘의 히스토리

여기다 하면 저기였고 저기다 하면 여기였다
속아서 사는 세상
　*

※헛짚고 헛발질 하고 헛걸음 하고 헛소리 하는 게 사람이고 인생이다. 자로 잰 듯
분명한 게 어딨으랴. 삶에 베인 상처가 역사고 삶이다. 마치 나무의 옹이처럼.

—내 인생의 히스토리(김병걸 작사/ 김인철 작곡/ 신송 노래)

# 다 함께 차차차

어차피 잊어야 할 사랑이라면
돌아서서 울지 마라 눈물을 거둬라
   *내일은 내일 또 다시
   새로운 바람이 불거야
   근심을 털어놓고 다 함께 차차차
   슬픔을 묻어놓고 다 함께 차차차
   차차차 차차차 잊자 잊자 오늘만은
   미련을 버리자
   울지 말고 그래 그렇게 다 함께 차차차

어차피 돌아서간 사람이라면
다시는 생각마라 눈물을 거둬라
   *

※1992년 이 노래의 열풍은 대단했다. 노래방이 막 생겨나면서 전국 모든 노래방이 상호를 '차차차노래방'으로 바꾸었다. 설운도를 정적인 가수에서 동적인 가수로 탈바꿈 시킨 곡이 〈다 함께 차차차〉다. 그리고 김병걸과 이호섭이란 명콤비를 탄생시킨 노래다.

—다 함께 차차차(김병걸 작사/ 이호섭 작곡/ 설운도 노래)

# 도시의 삐에로

생각 없이 길을 걸어도 울적한 마음

무엇으로 달래야 하나

비에 젖은 가로등 되어 밤이 새도록

타오르는 이 마음

늘어지는 음악 소리에 몸을 기대고

어디론가 가는 이 마음

반짝이던 푸른 꿈들이 날아가 버린

둥지 잃은 삐에로

사랑도 고독도 영혼 속에 잠자는 가녀린 불꽃

언젠간 모두 나를 태워야 하리

춤추던 낭만의 기억 위로 흐르는 노래

연기처럼 사라진 추억 속의 그리움

※1986년 〈경아〉로 데뷔한 고2 박혜성은 여중고생들에게 짱이었다. 명일동 혜성이네 아파트 아래에는 전국에서 몰려든 여학생들이 운집했고 팬레터와 선물이 하루에 서너 자루씩 배달되었다. 비 오는 어느 날 밤 혜성이는 전화로 피아노 선율을 들려주었고 휴대폰이 없던 시절이라 녹음할 방법이 전무해 음표의 숫자를 적었다. 3,4,5,4,5 마치 간첩의 암호 같은 숫자를 백지에 옮기고 멜로디를 암기하며 노랫말을 완성했다. 이 노래로 가수는 방송사에서 올해의 가수상을 수상했다.

—도시의 삐에로(김병걸 작사/ 박혜성 작곡/ 박혜성 노래)

# 인생살이

내가 살고픈 세상은 그건데
이거에 밀리고 저거에 붙잡혀
나를 잊은 지가 언제냐
세월이 훌쩍 가버렸네
마음은 아직도 2학년인데
현실은 몇 학년
나도 내가 싫다만은
누가 누가 이기나 어디 한번 해보자
갈 데까지 가볼란다
아 인생살이 어차피 한번이 아니냐

※이 노래를 취입할 당시 가수는 70이었다. 의성이 고향인 대구 누님은 약간의 경상도 발음을 빼고는 가창력이 돋보였다. 나는 가수의 심경을 읊는 노래를 만들어 주고 싶었고 가사를 본 가수는 입을 귀에 걸었다.

—인생살이(김병걸 작사/ 김인철 작곡/ 박정현 노래)

# 오다 보니 여기

눈이 안 와도 겨울이고
그대 떠나도 봄은 오네
다시 돌아갈 수 없으니 이 길을
사랑해야겠지만
내가 세상에 줄 수 있는
나의 눈물은 어디까지였을까
아무도 채워주지 않는 시간을
외로이 걸어왔네
아 돌아보니 나는 간 데 없고
일에 갇힌 노예 그리고 짐을 진 나귀였네
처음부터 이 길을 원한 건 아니었어
오다 보니 여기네
내가 세상에 줄 수 있는
나의 사랑은 어디까지인 걸까
아무도 말해주지 않는 길을
오늘도 가고 있네

※자전적인 노래다. 내 이야길 쓰고 싶었다. 온전히 표현하지는 못했지만 가사와 곡을 동시에 만들었다. 처음엔 노래가 좋아서 작사가의 길을 시작했고 중간에는 도망을 못 가서 눌러 앉았고 지금은 나의 완성과 정리를 위해서 노래를 만든다. 내가 세상에 줄 수 있는 눈물과 사랑은 어디까지일까?

─오다 보니 여기(김병걸 작사/ 김병걸 작곡/ 김병걸 노래)

# 꼰대

이제 더는 세상이

궁금할 것도 없는 나이

더 가봐야 그게 그거

안 봐도 뻔한 그림이잖아

선택할 일도 눈치 볼 일도 없는 세월을

나 사네

바쁠 게 없으니 게을러도 괜찮은

그런 나이가 되버렸네

잘하고 못하고는 진작에 졸업

구닥다리라고 고리타분하다고 무시마라

이렇게 멋진 꼰대 봤느냐

그대만큼 나도 그대처럼 나도

얼마든지 잘 할 수 있다

※임재범의 외삼촌인 가수가 만년에 낸 음반에 〈선인장〉과 함께 실은 노래다. 꼰
대의 기준이 뭘까? 나이로 구분하는 꼰대는 아날로그 세대다. 컴퓨터도 워드 정도
나 칠까 그 이상은 상당한 노력이 수반되어야 가능하다. 필자도 독수리 타법으로
이 책을 쓰고 있다. 하지만 꼰대는 세상을 안다. 당해 봐서 알고 구경해서 안다. 마
음은 청춘이지만 몸이 따라주지 않는 꼰대들에게 바치는 노래다.

—꼰대(김병걸 작사/ 김병걸 작곡/ 한민국 노래)

# 외출

갈 곳도 없으면서 길을 나서네
만날 사람도 없으면서 화장을 고치네
보낸 사람도 돌아올 사람도 이제는 없는데
정거장에 앉아서 기다려보네
가로등도 서글픈 이 밤
차라리 돌아가는 길을 잃어버렸으면
달빛을 앞에 놓고 휴대폰을 꺼버리네

※일상 탈출은 주부들의 로망인가. 가출이 아니라 충전의 외출은 필요하리라. 정거장에 가보기도 하고 찻집에 앉아 멍 때리다가 아예 휴대폰을 꺼버리는 용기는?

─외출(김병걸 작사/ 김인철 작곡/ 영재 노래)

# 딴따라

강산이 좋다 사람이 좋다
풍악따라 걸어온 유랑의 길
바람 속에 청춘이 간다
　*인생이 이거라고 이거라고
　어느 누가 말할 수 있나
　아, 오늘은 어디에서
　임자 없는 내 노래를 불러보나
　가진 건 없어도 행복한 인생
　나는 나는 나는 딴따라

만남이 좋다 친구가 좋다
정처 없이 걸어 온 유랑의 길
인정 속에 세월이 간다
　*

※송해 선생은 내 가수다. 송 선생께선 생전에 나를 보면 "저 이가 내 주인이잖아" 하셨다. 그도 그럴 것이 1986년 서울음반에서 제작한 방송진행자들의 노래를 한 곡씩 싣는 옴니버스음반에 선생께서는 내가 작사하고 정주희 선배가 작곡한 〈망향가〉를 취입하셨는데 이 노래가 선생의 데뷔작이다. 이후 당신께서 사회를 본 KBS 전국노래자랑의 이미지송인 〈나팔꽃인생〉을 내가 작사하여 선생의 첫 히트곡이 되었으니 그런 말씀을 하신 것이다. 나는 이 〈딴따라〉를 직접 제작하였고 이 노래 외에도 원정숙과 듀엣송인 〈둘이서 함께〉도 취입하여 선생은 영원한 나의 가수가 되었다. 이 〈딴따라〉라는 제목은 선생께서 미리 나에게 주문한 것으로 선생의 대표작이 되었는데 이듬해 작고하셨다.

—딴따라(김병걸 작사/ 노영준 작곡/ 송해 노래)

# 쪽방

얼기설기 골목에 다닥다닥 쪽방집
사람 하나 겨우 다닐 그 좁은 골목을
동서로 마주보며 봄 여름 겨울을 난다
　*사는 게 별거더냐 거기서 거긴데
　마당 없다고 못 노나 뜰 없다고 못 쉬나
　대문도 문패도 달아본 적 없지만
　일 나가는 일터 있고 등 붙이는 내방 있으면
　그게 바로 내 세상 쪽방이면 어떠냐

얼기설기 골목에 눈썹달이 걸리면
졸음 겨운 눈을 비빈 그 좁은 쪽방에
내일의 꿈을 그려 눈물을 씻어낸다
　*

※젊은 날에는 무엇과도 동거한다. 비바람을 피할 수 있고 등 붙일 자리만 있으면, 거기다 일터가 있으면 무엇을 더 바라랴. 희망은 굴리는 눈사람이다. 굴릴수록 커지는 눈사람 같은 꿈과 소망은 젊음 속에 들어 있다. 이 〈쪽방〉 가사는 월세를 내는 원룸에서 수험공부를 하는 젊은이들을 대상으로 쓴 작품이다.

—쪽방(김병걸 작사/ 최강산 작곡/ 민수현 노래)

# 남도 가는 길

가도 가도 끝 모를 지평선
이리 구불 저리 구불 육자배기 한 장단
남도 가는 길
대들지 못한 세상 어디 간들 다르리
휘어지고 꺾이는 인간사
누군들 어쩌리
담사리새 우는 언덕
고구마꽃 짙어지면 서러워라 남도바람
가슴에 걸리네
비지땀에 눈물 섞어 흘러가는 황톳길
남도 가는 길이 왜 이다지 멀더뇨

※박서진은 강력한 팬덤을 가진 가수다. MBN '현역가왕2'에서 우승한 그는 신곡 경연에서 〈남도 가는 길〉을 선곡했다. 내가 작곡자에게 건넨 제목은 '전라도 가는 길'이었는데 바꾸었다. 영암을 거쳐 강진을 가는 길에 양쪽으로 고구마밭이었다. 대들지 못하고 사는 가슴에 걸리는 남도 바람은 어떤 바람일까.

—남도 가는 길(김병걸 작사/ 정의송 작곡/ 박서진 노래)

# 사는 동안

있으면 있는 대로 없으면 없는 대로
내 몫만큼 살았습니다
바람 불면 흔들리고 비가 오면 젖은 채로
이별 없고 눈물 없는 그런 세상 없겠지만은
　*그래도 사랑하고 웃으며 살고 싶은
　고지식한 내 인생
　상도 벌도 주지 마오

기쁘면 기쁜 대로 슬프면 슬픈 대로
뿌린 만큼 거두렵니다
아는 만큼 가진 만큼 배운 대로 들은 대로
가난 없고 그늘 없는 그런 세상 없겠지만은
　*

※제목이 세 번이나 바뀐 노래가 이 〈사는 동안〉이다. 처음에 이 곡은 〈상과 벌〉이란 트로트로 가수가 아세아레코드사 전속기념 음반에 실었으나 홍보하지 않았고 이후 가수는 현대음반으로 소속을 옮겨 〈애오라지〉란 제목으로 다시 취입하였으니 음반사의 대표가 사망하여 홍보를 접고 이후 십수 년이 흐른 어느 날 지금의 〈사는 동안〉으로 제목과 편곡을 달리하여 보기 좋게 히트를 냈다. 가수의 집념이 승리한 노래다.

─사는 동안(김병걸 작사/ 양근배 작곡/ 이태호 노래)

# 산에 들에

산이 되고 싶었다
오를 수 있는 데까지 올라가
메아리로 살지라도
들이 되고 싶었다
달릴 수 있는 데까지 달려가
바람으로 살지라도
산은 언제나 그 높이에서
내 마음을 세우고
들은 언제나 그 자리에서
내 순정을 눕힌다
사는 이유야 분분하지만
산이 아니면 들이 되어 사는 인생
산이 되고 싶어라
메아리로 살지라도
들이 되고 싶어라
바람으로 살지라도

※오석환이란 미소년이 어머니를 대동하고 나를 찾아왔다. 나는 오서길로 예명을 지어주고 이 노래를 주었다. 누구나 산이 되고 싶고 들이 되려 한다. 한 편의 시 같은 이 가사를 주위에서는 칭찬했지만 가수는 뜨지를 못했다. 내게는 무지 아픈 손가락이다.

—산에 들에(김병걸 작사/ 최강산 작곡/ 오서길 노래)

# 팽이

한동안은 이렇게 살겠지
중심 잃은 팽이처럼
쓰러진 채 죽은 듯이 소금절인 배춧잎마냥
사랑도 한 줄 미움도 한 줄
가슴에 줄 그어놓고
돌면 살고 서면 끝나는 팽이 같은 나의 사랑아
돌아라 돌아라 인생이라는 세상의 운동장에서
돌아라 돌아라 세상이라는 나만의 운동장에서

※MBN '현역가왕2'에서 강문경이 고른 작품으로 가사를 먼저 쓴 노래다. 줄무늬 팽이는 나 자신이다. 어떤 노래든 거뜬히 갖고 노는 가창력이 출중한 가수가 강문경이고 그는 내 작품 〈양파 같은 여자〉, 〈검정고무신〉, 〈그놈〉, 〈아낌없이 주리라〉 등을 불렀다.

—팽이(김병걸 작사/ 김영호 작곡/ 강문경 노래)

# 여기서

사랑이 나를 울리기 전에

눈물이 나를 가두기 전에

떠나야 해 잊어야 해

여기서 돌아서야 해

아직도 못다 한 말이 너무나 많은데

이대로 지워야 하나

아 미련 같은 건 이제는 사치인 거야

당신이 날 못 버린다니

내가 먼저 떠날 수밖에

※무슨 말이 더 필요하랴. 일체의 형용사나 강조할 부사가 필요 없다. 어차피 못 맺을 사랑. 여기서 돌아서야 한다. 사랑이 나를 더 울리기 전에, 눈물이 나를 가두기 전에. 서지오는 아 노래로 무대를 장악했다. 현란한 그의 춤사위는 가히 압권이다. 행사의 여왕에 어울리는 명곡이다.

—여기서(김병걸 작사/ 최강산 작곡/ 서지오 노래)

# 그 다음은 나도 몰라요

두 번 다시 안 올 것처럼 발걸음 뚝 끊더니
후회한다고 믿어 달라고 두 손 싹싹 비는 당신
  *가라 한 적 없어요 보낸 적도 없어요
  용서할 마음도 사랑할 마음도
  추호도 없으니 생각할 시간을 줘요
  그 다음은 나도 몰라요

두 번 다시 안 볼 것처럼 전화도 안 받더니
후회한다고 사랑한다고 눈물 글썽 비는 당신
  *

※주현미는 달랐다. 충분한 연습도 안 하고 곡의 분위기만을 파악한 뒤 취입실로
왔는데, "선생님 이 멜로디가 맞아요?" 짚어가면서 묻고는 곧바로 녹음했다. 벙어
리 악보를 건네받고 시작은 쉽게 풀렸으나 마지막 줄 4마디가 영 풀리질 않아 덮
어 두었는데 작곡자인 정주희 선생께서 "야 아직도냐?" "예. 마지막 문장이 속 썩
이네요, 그 다음이 안 풀려요" "응 뭐라 그랬지, 그 다음을 모르겠다고? 그 거 좋네
그렇게 마무리하자" 드디어 이 노래가 완성되었다.

　　　　—그 다음은 나도 몰라요(김병걸 작사/ 정주희 작곡/ 주현미 노래)

# 애증의 그림자

사랑이 머물던 그 길을

다시 걸으면

떨어져 뒹구는 낙엽의 가을은 슬퍼

가슴을 드리운 애증의 그림자마저

이제는 쓸쓸히 내 곁을 떠나려는데

낙엽되어 떨어진 그리움을 태우면

새삼 내가 누구를

전처럼 사랑할 수 있을까

태우지도 못하고 재가 돼 버린 내 가슴

사랑이란 그래서 외로움이라 했나요

※1986년 MBC TV에서는 '주부가요 열창'이란 경연 프로를 진행했고 전국에서 노래 꽤나 하는 주부들이 대거 출전했다. 과거 빛을 못 본 가수였거나 가수지망생이었던 주부들이 열띤 경연으로 도전했고 시청률도 상당했다. 변해림은 〈사랑이 저만치 가네〉를 불러 초대 챔프가 됐다. 그는 남편과 부산에서 레코드샵을 하는 불자였다. 나는 작곡가로부터 상송냄새가 물씬한 악보를 받고 가수를 떠올리며 이 가사를 썼다. 비브라토가 일품인 가수는 이후 KBS 라디오 드라마 〈그 아픔 사랑이었네〉 이 주제가도 불렀는데 이 작품 역시 나와 임정호가 만들었다.

—애증의 그림지(김병걸 작사/ 임정호 작곡/ 변해림 노래)

# 저 기차

잊으려고 마신 술이
비가 되어 내리는 밤에
간다네 간다네 그 사람 기어이 간다네
　*가지 말라고 가지 말라고
　소리치는 내 맘도 모르나
　저 기차 저 기차 누가 좀 잡아줘요
　그 사람 가지 못하게
　잊고 살 자신 없어요

두 번 다신 울지 말자고
모진 마음 먹어 봤지만
울었네 울었네 보내고 서러워 울었네
　*

※엔카를 좋아한다는 가수의 주문대로 가사와 곡을 동시에 만들었다. 처음에는
남기연 편곡의 슬로우 곡이었는데 가수는 행사를 의식해서 디스코로 바꾸고 송태
호가 편곡했다. 가사보다는 곡이 우월한 이 노래도 가수의 꾸준한 홍보로 히트곡
으로 다가가고 있다.

　　　　　　　　　　　　―저 기차(김병걸 작사/ 김병걸 작곡/ 정연순 노래)

## 지은이 **김병걸**(金炳杰)

대구예술대학교 방송연예과 4년 졸업.
세종사이버대학교 부동산 경영학과 4년 졸업.
'현대시학'에 시를 발표하면서 문단에 나와 6권의 시집과 여러 권의 수필집을 냈다.
〈김병걸 600곡선〉 등 3권의 악보집을 출간했다.
한때 기독교 방송의 '그 시절 그 노래'의 대본을 쓰기도 하였으며 평화방송과 여수
MBC, 광주교통방송과 KBS춘천방송 등에서 가요프로그램을 진행했다.
2025년 현재까지 작사 1,900여 편과 작곡 300여 편의 노래를 발표했다.
2014년 MBC 작사상을 비롯하여 70여 회 수상했다.
가사집은 2016년 『낮달』에 이어 이번이 두 번째이다.


# 오다 보니 여기

ⓒ김병걸, 2025

1판 1쇄 인쇄__2025년 06월 01일
1판 1쇄 발행__2025년 06월 10일

지은이__김병걸
펴낸이__양정섭

펴낸곳__예서
　　　　등록__제2019-000020호

제작·공급__경진출판
　　　　사업장주소__서울특별시 금천구 시흥대로 57길 17(시흥동, 영광빌딩), 203호
　　　　전화__070-7550-7776　팩스__02-806-7282
　　　　네이버 스마트스토어__https://smartstore.naver.com/kyungjinpub/
　　　　이메일__mykyungjin@daum.net

값　12,000원
ISBN　979-11-91938-94-4　03670